Mujeres que cambiaron el mundo

Elizabeth Anderson Lopez

Asesores

Crystal Hahm, M.A., Ed. M.
Distrito Escolar Unificado de Tustin

Bijan Kazerooni, M.A.
Chapman University

Créditos de publicación

Rachelle Cracchiolo, M.S.Ed., *Editora comercial*
Conni Medina, M.A.Ed., *Gerente editorial*
Emily R. Smith, M.A.Ed., *Realizadora de la serie*
June Kikuchi, *Directora de contenido*
Caroline Gasca, M.S.Ed, *Editora superior*
Susan Daddis, M.A.Ed., *Editora*
Sam Morales, M.A., *Editor asociado*
Courtney Roberson, *Diseñadora gráfica superior*
Jill Malcolm, *Diseñadora gráfica básica*

Créditos de imágenes: portada (izquierda) William Philpott/Getty Images, (derecha) Sergio Del Grande Mondadori Portfolio/Newscom; portada trasera (derecha) rook76/Shutterstock; pág.5 Watford/Mirrorpix via Getty Images; pág.6 World History Archive/Alamy; pág.7 (superior) Brand X Pictures/Getty Images; pág.8 Old Paper Studios/Alamy; pág.9 cortesía de U.S. Patent and Trademark Office; pág.10 cortesía de National Park Service; págs.11, 14, 15 Public Domain; pág.13 cortesía de National Library of Medicine; pág.18 fotografía por Marion S. Trikosk, LOC, LC-ppmsc 03265; pág.19 360b/Shutterstock; pág.20 Jeff Kowalsky/AFP/Getty Images; págs.21, 24 Bettmann/Getty Images; pág.22 Richard Ellis/AFP/Getty Images; pág.23 rook76/Shutterstock; pág.25 ITAR-TASS Photo Agency/Alamy; todas las demás imágenes de iStock y/o Shutterstock.

Library of Congress Cataloging-in-Publication Data

Names: Lopez, Elizabeth Anderson, author.
Title: Mujeres que cambiaron el mundo / Elizabeth Anderson Lopez.
Other titles: Women who changed the world. Spanish
Description: Huntington Beach, CA : Teacher Created Materials, 2018. | Includes index. |
Identifiers: LCCN 2018022274 (print) | LCCN 2018030169 (ebook) | ISBN 9781642901320 (ebook) | ISBN 9781642901160 (pbk.)
Subjects: LCSH: Women--History--Juvenile literature.
Classification: LCC HQ1121 (ebook) | LCC HQ1121 .L66518 2018 (print) | DDC
305.409--dc23
LC record available at https://lccn.loc.gov/2018022274

Teacher Created Materials
5301 Oceanus Drive
Huntington Beach, CA 92649-1030
www.tcmpub.com

ISBN 978-1-6429-0116-0

© 2019 Teacher Created Materials, Inc.
Printed in China
Nordica.092018.CA21801136

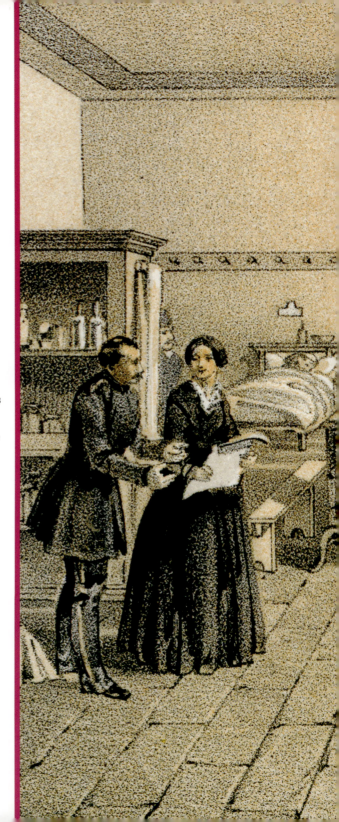

Contenido

Marcando una gran diferencia. 4

Mujeres que sanaron 8

Mujeres que fueron primeras 14

Mujeres que vencieron 20

¡Poder de chicas! 26

¡Dibújala! 28

Glosario 30

Índice 31

¡Tu turno! 32

Marcando una gran diferencia

Mujeres de todo el mundo hacen grandes cosas todos los días. Hay mujeres famosas que lideran naciones. Algunas mujeres no son famosas, pero hacen grandes cosas. Mejoran sus ciudades. Defienden aquello que saben que es correcto.

Hay mujeres que están a cargo de grandes negocios. Otras mujeres ayudan a curar personas.

No siempre las cosas han sido fáciles para las mujeres. A lo largo de la historia, han tenido que esforzarse para tener éxito.

En el pasado no se les permitía a las mujeres hacer cosas que hoy pueden hacer. Algunas posiblemente te sorprenderán. Hasta 1920 las mujeres no podían votar en Estados Unidos.

Las mujeres no podían abrir cuentas bancarias. Los hombres debían ir con ellas al banco. Sus esposos o padres debían permitírselo. Eso no cambió hasta 1974. Hasta las escuelas tenían normas contra las mujeres. ¡No podían ir a ciertas universidades solo por ser mujeres!

Mujeres votan por primera vez en Washington D. C.

Muchas cosas han cambiado. Las mujeres han cambiado el mundo. Han marcado una gran diferencia para las personas en todas partes.

En Estados Unidos las ciudadanas mayores de 18 años pueden votar.

Hoy una mujer puede abrir una cuenta bancaria por sí misma.

Mujeres que sanaron

La asistencia sanitaria ha progresado a lo largo de los años. Conoce a dos mujeres que cambiaron el mundo de la salud de maneras sorprendentes.

Clara Barton

Clara Barton

Clara Barton demostró que nunca se es demasiado mayor para hacer grandes cosas. Barton también demostró que uno puede cambiar su camino en la vida. Primero fue maestra. Para ese entonces la mayoría de los maestros eran hombres. Después trabajó en la Oficina de Patentes de Estados Unidos. Fue una de las primeras empleadas que trabajó para el gobierno. Barton comenzó a ser voluntaria. Ayudó a conseguir provisiones para los soldados de la **guerra de Secesión**. Después fue a ayudar en persona a los soldados. Algunos de ellos estaban enfermos o heridos.

Oficina de Patentes de Estados Unidos

Si inventas algo debes asegurarte de que nadie robe tu idea. Es por eso que necesitas una patente. Debes escribir todos los detalles y archivar el documento oficial. Esto demuestra que el invento fue tu idea.

Después de la guerra, Barton aprendió más sobre cómo ayudar a las personas. En 1881 fundó la Cruz Roja Americana. La dirigió por 23 años. La Cruz Roja sigue ayudando a las personas. Ayuda en tiempos de guerra. Ayuda también a las personas que han pasado por **desastres naturales**.

Clara Barton

Florence Nightingale

Estar en un hospital en el siglo XIX no era lo mismo que ahora. Las habitaciones no estaban limpias. Las prendas y las sábanas estaban sucias. No había agua potable. No eran lugares seguros. Florence Nightingale se esforzó por cambiar eso.

Florence Nightingale

Nightingale provenía de una familia rica. Nadie quería que ella fuera enfermera. En aquel entonces, las mujeres adineradas no trabajaban. Pero esto era lo que ella quería hacer. Había una guerra hacia la década de 1850. Nightingale fue a un hospital a ayudar. No estaba limpio. Algunos soldados morían por las heridas. Pero más morían debido a las infecciones.

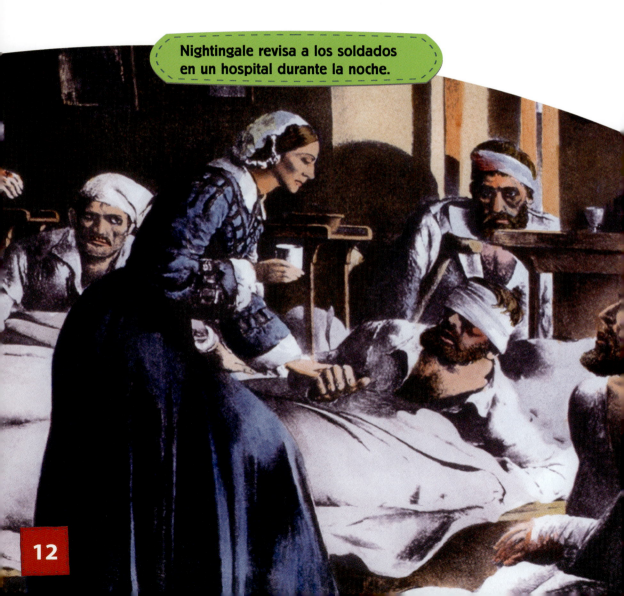

Nightingale revisa a los soldados en un hospital durante la noche.

Nightingale hizo que las enfermeras limpiaran el hospital. Se aseguró de que hubiera agua potable. Esto hizo que fuera más seguro para los pacientes.

Ella **inspiró** a otras mujeres a ser enfermeras. Muchas personas ricas cambiaron de parecer. Ahora pensaban que ser enfermera era un trabajo **noble**.

¡Llamando a la doctora Blackwell!

Elizabeth Blackwell se graduó como médica. Fue la primera mujer de Estados Unidos en hacerlo. Algunos estudiantes varones creían que ella no debía estar allí. Pero ella les demostró que pertenecía allí. En 1849 Blackwell se graduó.

Mujeres que fueron primeras

Durante años, pocas mujeres tuvieron puestos de liderazgo en ciencias o en el gobierno. Estas dos mujeres se esforzaron por cambiar eso.

Marie Curie

Marie Curie nació en 1867 en Polonia. Era una estudiante talentosa. Se graduó del bachillerato cuando tenía 15 años. Después quiso ir a la universidad. Pero en Polonia no les estaba permitido hacer esto a las mujeres. Entonces, se mudó a Francia. Allí pudo estudiar. Obtuvo dos títulos universitarios, en ciencias y en matemáticas.

Europa en 1860

Después de la universidad, fue a trabajar a un laboratorio. Allí conoció a Pierre Curie. Trabajaron juntos y se casaron.

Marie y Pierre Curie

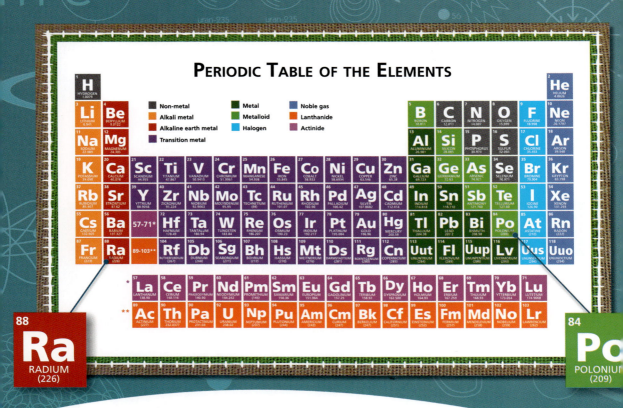

Los Curie descubrieron dos **elementos**. Ganaron el **Premio Nobel** de física. Esta fue la primera vez que una mujer ganó ese premio. Por desgracia, Pierre Curie murió tres años después. Le pidieron a Marie que tomara el puesto de su esposo como profesor en una universidad. Se convirtió en la primera mujer que enseñó allí.

También fue nombrada jefa del laboratorio. Ocho años después de su primer premio, Curie volvió a ganar el Premio Nobel. Esta vez el premio fue de química.

Muchos premios

Hoy, los ganadores de los Premios Nobel se llevan una medalla y también dinero. ¡Se llevan a casa más de un millón de dólares!

Curie fue famosa por su trabajo en el laboratorio. Pero esto la enfermó. Murió de **leucemia**. Fue consecuencia de la **radiación**. Pero su memoria sigue viva. Gracias a ella hay muchos más empleos en ciencias para hombres y mujeres.

Golda Meir

La vida de Golda Meir tuvo muchas idas y venidas. Nació en Rusia y después se mudó a Estados Unidos. Allí trabajó por los derechos de los judíos en las escuelas. Más tarde, Meir se casó y se mudó a Israel.

Golda Meir

Meir trabajó en la política. Ayudó a que Israel fuera su propio país. Resolvió problemas de trabajo y de vivienda. Después trabajó con otros países para mejorar el mundo. En 1969 fue la primera líder mujer de Israel. La nombraron primera ministra. Luchó por los derechos de Israel. Eso es lo que hizo durante gran parte de su vida.

¡Las mujeres mandan!

Las mujeres han conducido países en todo el mundo. Entre ellos están Costa Rica, Dinamarca y Tailandia. Alemania también ha tenido una líder mujer, Angela Merkel (derecha). Se la conoce como canciller. Los títulos para los líderes no son todos iguales. Pero el liderazgo es un trabajo importante en todos los países.

Mujeres que vencieron

Dos mujeres sobresalen porque enfrentaron desafíos en su vida. ¡Y ganaron!

Rosa Parks

Imagina que comienzas tu día como siempre. Pero al final del día cambias el mundo. Eso es lo que Rosa Parks hizo en 1955 en Alabama.

El autobús en el que arrestaron a Parks se exhibe en un museo.

En ese entonces, los afroamericanos no podían sentarse con los blancos en los autobuses. Los afroamericanos debían sentarse en la parte trasera. Si el autobús estaba lleno, debían pararse.

Un día, Parks volvía a su casa después de trabajar. No quiso cederle el asiento a un hombre blanco. Fue arrestada. Los afroamericanos decidieron **boicotear** a los autobuses.

Un héroe

Quizás hayas escuchado de alguien que ayudó con el boicot a los autobuses. Fue el doctor Martin Luther King Jr. Fue una leyenda de los **derechos civiles**.

Las personas llevaron a cabo un boicot contra los autobuses por 381 días. Eso es más de un año. La **Corte Suprema de Estados Unidos** resolvió el caso. Ordenó que todas las personas podían sentarse donde quisieran en los autobuses. Alabama cambió sus leyes. Este boicot fue un acontecimiento importante en la lucha por los derechos civiles del país.

Parks había estado participando en la lucha por los derechos civiles durante gran parte de su vida. Esta vez, este suceso la convirtió en leyenda.

Parks recibe una distinción por parte del entonces presidente Bill Clinton.

Wilma Rudolph

Wilma Rudolph fue famosa por no rendirse nunca. Se enfermó gravemente cuando era joven. Usaba un aparato ortopédico en su pierna izquierda para poder caminar. Aún así soñaba con ser atleta.

Wilma Rudolph

Para cuando Rudolph comenzó el bachillerato ya estaba más fuerte. No necesitaba más el aparato ortopédico en su pierna. Hasta practicaba deportes.

Un deporte en el que Rudolph demostró talento especial fue el atletismo. Ella era veloz. En 1956 participó en sus primeros Juegos Olímpicos. Ganó la medalla de bronce en una carrera de relevos. ¡Sólo tenía 16 años! Cuatro años más tarde, Rudolph ganó tres medallas de oro en una sola olimpíada. Fue la primera mujer de Estados Unidos en lograrlo.

Wilma Rudolph

Demostró tanto a varones como a mujeres el poder de perseguir los sueños propios. Aun cuando las cosas se vean difíciles, no debemos rendirnos.

¡Por el oro!

Larisa Latynina tiene la mayor cantidad de medallas olímpicas ganadas por una mujer. ¡Tiene 18! Las ganó en gimnasia. Hay solo una persona en el mundo con más medallas. El nadador estadounidense Michael Phelps tiene 28.

¡Poder de chicas!

Has aprendido sobre mujeres increíbles. Las mujeres han llegado muy lejos a partir de que no se les permitía votar. Ahora las personas votan por candidatas mujeres para gobernar. Las mujeres son líderes en todo el mundo. Lideran países. Lideran empresas.

Antes de ser líderes fueron niñas. Si eres niña, ¿qué harías para cambiar el mundo? Si eres niño, ¿cómo ayudarías a las niñas que conoces a hacer grandes cosas? ¡Nunca es demasiado temprano para comenzar a dedicarte a alcanzar tu sueño!

¡Dibújala!

Haz un dibujo de una mujer increíble. Debajo de tu dibujo escribe al menos dos oraciones. Escribe sobre lo que ella hace para ayudar o inspirar a otros.

Mi abuela es asombrosa porque es ingeniera. Usa su imaginación para resolver problemas.

Glosario

boicotear: dejar de usar o dejar de apoyar algo

Corte Suprema de Estados Unidos: el tribunal más alto de Estados Unidos

derechos civiles: la idea de que las personas de todas las religiones y razas tengan un trato justo

desastres naturales: acontecimientos repentinos de la naturaleza que pueden causar daños

elementos: piezas fundamentales de la materia

guerra de Secesión: una guerra que tuvo lugar en Estados Unidos entre 1861 y 1865

inspiró: hizo que alguien deseara crear o hacer algo

leucemia: un tipo de cáncer en la sangre

noble: que tiene cualidades que otros admiran

Premio Nobel: uno de seis premios que se da cada año a las personas que hacen una tarea importante

radiación: energía fuerte que a veces puede ser peligrosa

Índice

Barton, Clara, 8–10

Blackwell, Elizabeth, 13

Curie, Marie, 14–17

derechos civiles, 21–22

Israel, 18–19

King, Martin Luther Jr., 21

Latynina, Larisa, 25

Meir, Golda, 18–19

Merkel, Angela, 19

Nightingale, Florence, 11–13

Parks, Rosa, 20–22

Polonia, 14

Premio Nobel, 16–17

Rudolph, Wilma, 23–24, 32

Rusia, 18

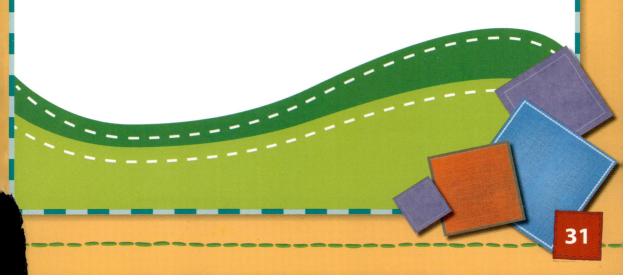

¡Tu turno!

Sello de aprobación

Wilma Rudolph tuvo un sello postal hecho en su honor en 2004. Elige alguna de las otras mujeres de este libro. Diseña un sello postal sobre ella. ¿Qué palabras y qué imágenes usarías para honrarla y lo que hizo?